LA CENSURE

EN PROVINCE.

SCÈNES HISTORIQUES.

DOCUMENS

POUR SERVIR A L'HISTOIRE DE L'ANNÉE 1827.

LYON,

IMPRIMERIE DE C. COQUE,

RUE DE L'ARCHEVÊCHÉ, N° 5.

1827.

PERSONNAGES.

LE VICOMTE DE N...., préfet.
M. DE COURTE-VUE, fonctionnaire public.
M. TROTTIN, adjoint.
MM. DE SAINT IGNACE,
    TATILLON, } bourgeois.
    BONSENS,
LE RÉDACTEUR du journal libéral.
LE RÉDACTEUR en chef du journal de la congrégation.
M. LUPINET, chef du bureau de la police.
Mlle FLORA, actrice.
Garçon de bureau, Postulans et Postulantes, personnages muets.

LA SCÈNE SE PASSE OU ON VOUDRA.

Le théâtre représente le cabinet du Préfet ; une porte à droite donne dans l'antichambre, une seconde porte à gauche conduit dans les appartemens de la préfecture. Le cabinet est élégamment meublé, le bureau est couvert de papiers et de journaux.

LA CENSURE

EN PROVINCE.

SCÈNES HISTORIQUES.

DOCUMENS

POUR SERVIR A L'HISTOIRE DE L'ANNÉE 1827.

---

25 juillet, neuf heures du matin.

SCÈNE PREMIÈRE.

LE PRÉFET *seul, un journal à la main.*

ENFIN, j'espère que cette fois ils seront contens. Voilà ce redoutable *Libéral* bien froid, bien insignifiant. (*Il lit.*) « L'ouvrage que nous annonçons sort...» Et là une demi-colonne de blanc. Voyons ensuite. Une citation insignifiante.... bien.... ah! du blanc . . C'était une plaisanterie contre ce pauvre M. de Villèle : elle était tirée de l'ouvrage de la congrégation. Ma foi! j'ai dû songer à mon patron.... (*Il lit.*) « Cet ouvrage inspire plus de pitié et de dégoût que de colère....» Et encore du blanc. (*Il rit.*) Ah! ah! ma foi, excepté les journalistes, personne ne peut se fâcher. (*Parcourant le journal.*) Des réflexions innocentes sur le mauvais état des pavés ; une observation sur l'épouvantable mortalité des filles de la Trappe. Parbleu ! j'ai bien dû laisser passer celle-là, c'est dans l'intérêt de l'humanité. Puis un article de théâtre, une critique contre son administration, une plaisanterie sur Mlle Flora ; pour le coup, il n'y a rien à dire. (*Il jette le journal sur son bureau, et se promène à grands pas dans son cabinet.*) C'est une horreur que cette censure, elle est mille fois plus insupportable pour moi que pour les écrivains. Si je n'étais chargé que de défendre le ministère, de mettre sa susceptibilité à l'abri, passe encore ; mais devenir le mannequin d'une faction stupide, ployer devant les caprices d'un tas d'imbécilles, entendre à chaque instant des insensés que je méprise me venir reprocher ma faiblesse ou ma partialité pour les libéraux, et cela parce que je n'aurai pas été aussi absurde qu'eux-mêmes ! le poste n'est pas tenable ! Sous un gouvernement absolu, la censure est odieuse, mais nécessaire et facile à exercer ; sous un gouvernement constitutionnel, la censure est ridicule et impraticable ; enfin, lorsque la censure a été accordée à une faction, elle établit le despotisme, détruit l'administration ; disons mieux, elle amène l'anarchie. Voici l'heure de mes réceptions, gare à moi ! (*Il sonne. A un valet.*) Faites venir M. Lupinet.

SCÈNE II.

LE PRÉFET, M. LUPINET.

LE PRÉFET.

Eh bien ! M. Lupinet, où en sommes-nous ?

M. LUPINET.

Je crois, M. le vicomte, qu'ils vont être bien en colère du journal d'aujourd'hui.

(5)

LE PRÉFET.

Qui donc, les lecteurs du *Libéral?*

M. LUPINET.

Oh! pour ceux-là, je n'y pense guère, mais les autres.....

LE PRÉFET.

Bah! vous voulez rire. De quoi pourraient-ils se plaindre?

M. LUPINET.

De quoi! ma foi, la chose est toute simple. (*Il prend le journal.*) Vous avez laissé : (*il lit*) « L'ouvrage que » nous annonçons sort.... » et puis du blanc; cela veut dire que cet ouvrage sort des presses du journal ultramontain, qu'il a été écrit par un de ses rédacteurs, qu'enfin il trahit l'esprit de toute la congrégation; et puis (*il lit*): « Cet ouvrage inspire plus de pitié et de » dégoût que de colère. » Ainsi vous laissez croire que vous méprisez la congrégation, qu'elle vous inspire du dégoût, et voilà tous ses membres en émoi, et la correspondance avec Montrouge et la police de Paris plus active que jamais.

LE PRÉFET.

C'est affreux ce que vous dites là. N'est-ce pas toujours le journaliste qui écrit? Y puis-je quelque chose? ne faut-il pas qu'il conserve sa couleur?

M. LUPINET.

Aux yeux des gens sages, vous avez raison; mais les autres, ils ne veulent de la censure qu'à leur profit, et leur haine est mortelle.

LE PRÉFET.

Et les gens du *Libéral* que disent-ils?

M. LUPINET.

Ce qu'ils disent? rien.

LE PRÉFET.

Comment rien?

M. LUPINET.

Oui, rien. Seulement ils haussent les épaules quand ils voient certaines ratures, et l'autre jour le rédacteur en chef me dit : Nous plaignons bien M. le préfet.

LE PRÉFET.

Comment, ils me plaignent ! Parbleu ! c'est trop fort ; je n'ai pas besoin de la pitié de ces messieurs.

M. LUPINET.

Et il ajouta : « M. le préfet est un homme de beau-
» coup d'esprit et de bon sens ; lorsqu'il se voit forcé
» de satisfaire tant d'exigeances et de sottises, il doit
» bien souffrir. »

LE PRÉFET.

Finissons, M. Lupinet. Mon parti est pris, je n'y puis tenir ; je n'ai pas encore pu trouver de censeur, je finirai cependant par en rencontrer un, ne fût-ce qu'un poète affamé ou un pédant de collége. En attendant, venez ce soir, et nous corrigerons ensemble, peut-être parviendrons-nous à les contenter.... N'entendez vous pas du bruit ?

M. LUPINET.

C'est M. de Courte-Vue : il se fâche, il est en colère. (*A part.*) Ma foi, je m'esquive. (*Il sort.*)

SCÈNE III.

LE PRÉFET, M. DE COURTE-VUE.

M. DE COURTE-VUE.

En vérité, M. le vicomte, je ne puis comprendre que vous ayez pu confier la censure à quelque garçon de bureau, à quelque goujat ; cependant, il faut bien

que cela soit ainsi, à la manière dont elle est faite. A
chaque page, à chaque ligne, à chaque mot de ce
journal détestable, abominable, exécrable, on trouve
des attaques contre la religion, les mœurs et la légitimité.

LE PRÉFET.

C'est moi, monsieur, qui ai censuré *le Libéral*, et
je dois vous dire que vous avez les yeux bien perçans,
car je n'ai pu y apercevoir les attaques que vous me
dénoncez.

M. DE COURTE-VUE.

M. le vicomte, je vous demande pardon, mais les
intentions de ces gens-là crèvent les yeux. Que signifie
donc cette histoire de Galilée, qui prétend, malgré les
arrêts de la cour de Rome et des saints évêques, malgré ses juges qui le condamnent à la prison, que la
terre tourne? Ne voyez-vous pas que cela veut dire
leurs progrès des lumières, c'est-à-dire les progrès de
l'anarchie et du désordre? Que veut dire, à propos de
la girafe, cette plaisanterie sur les bêtes qui ne font
pas de mal? Parbleu! M. le vicomte, nous pouvons
bien en prendre notre part, et à coup sûr leurs excel-
lences MM. les ministres y sont bien pour quelque
chose.

LE PRÉFET.

Ah! monsieur, votre interprétation est une injure;
et pour ce qui me concerne, je vous remercie de l'ap-
plication.

M. DE COURTE-VUE.

Je n'exprime qu'un fait, j'en pourrais signaler cent.
Plus de doute, les hommes sur lesquels on pouvait
compter le plus, désertent la cause de l'autel et du
trône. L'anarchie est dans tous les cœurs; la liberté
c'est la licence, l'égalité c'est le désordre; les enfans
se croient de grands hommes, et l'ignorance s'est affu-
blée du bonnet de docteur. La corruption est univer-
selle, la philosophie moderne, qu'il ne faut pas con-

fondre avec l'ancienne, a semé partout ses poisons; le mot RÉVOLUTION est écrit sur le front de tous ces hommes de rien qui veulent être quelque chose. Ah! je dois le dire, les temps prédits arrivent, le règne de l'Antechrist se prépare, le libéralisme n'est autre chose que la grande bête décrite dans l'Apocalypse; et au milieu des ruines, entourés des lambeaux du corps social, les défenseurs de la religion et de la légitimité doivent se préparer aux plus effroyables catastrophes. (*Pendant cette tirade, la figure de M. de Courte-Vue exprime la plus violente agitation, tandis que le corps immobile est dans une roideur presque tétanique, et que l'avant-bras droit remonte et descend d'une manière régulière et comme mécanique.*)

LE PRÉFET.

Allons, allons, M. de Courte-Vue, calmez-vous. Vous n'avez pas toujours vu les choses si en noir, et vos emportemens d'aujourd'hui pourraient faire penser que vous voulez faire oublier vos emportemens d'autrefois.

M. DE COURTE-VUE.

Allez-vous aussi, M. le vicomte, me jeter au nez des discours oubliés? Savais-je alors ce que je voulais? Aujourd'hui nous le savons, il faut sauver la religion et la monarchie; et pour cela, il faut que la censure soit impitoyable. Biffez-moi toutes ces observations philosophiques, toutes ces discussions sur des droits prétendus naturels, toutes ces critiques contre les sages doctrines de notre *Gazette* ultramontaine. Que ces messieurs, tout en respectant les hommes en place, exercent leur esprit, s'ils en ont, sur les bévues de l'administration, ils ne manqueront pas d'occupation.

LE PRÉFET.

Je vous remercie de la préférence.

M. DE COURTE-VUE.

Du reste, tous ees gens-là, il faut les mener comme

des nègres. (*Il va pour sortir et revient sur ses pas.*)
A propos, M. le vicomte, avez-vous vu mes chevaux?

LE PRÉFET, *riant.*

Moi! mon Dieu non!

M. DE COURTE-VUE.

Tant pis. Ce sont des chevaux magnifiques, un cheval limousin entier et deux chevaux normands admirables. J'en ai un soin! Je n'entends pas qu'on les maltraite. J'ai chassé hier mon palfrenier qui s'est permis de leur parler en jurant. C'est que, vous le savez, le cheval est ami de l'homme. Adieu, M. le vicomte; n'oubliez pas ce que nous avons dit. Il faut leur tenir la bride haute.

LE PRÉFET.

A vos chevaux?...

M. DE COURTE-VUE.

Non pas, certes, non pas, ils ont la bouche délicate; mais à tous ces écrivains libéraux. passés, présens et à venir. (*Il sort.*)

SCÈNE IV.

LE PRÉFET, *seul.*

Ah! ah! le pauvre homme a le cerveau malade. Il aurait besoin de douches. C'est dommage, il avait de l'esprit et de l'instruction...... Mais que me veut M. Trottin?

SCÈNE V.

LE PRÉFET, M. TROTTIN.

M. TROTTIN.

Ah! M. le vicomte, mille pardons si je vous dérange;

mais M. le maire et moi nous n'y pouvons plus tenir. Votre censure laisse passer des choses....

LE PRÉFET.

Et vous aussi, M. Trottin, vous venez vous plaindre. De quoi donc, je vous prie?

M. TROTTIN.

Comment est-il possible d'administrer lorsque tant de gens se mêlent de nos affaires? Ici, c'est une plaisanterie sur l'inscription de notre fontaine, inscription rédigée par l'académie en corps ; là, une critique sur des lenteurs administratives; ailleurs, des plaintes sur le pavé ou les réverbères. C'est à n'y pas tenir. Et ce qui prouve encore davantage la grandeur du mal, c'est que tout le monde s'en mêle, et que *l'Ultramontain* ne nous épargne pas plus que les autres. A quoi donc, je vous prie, la censure doit-elle servir?

LE PRÉFET.

Mais enfin, M. Trottin, il faut bien que les journaux disent quelque chose, et il faut leur savoir gré d'éclairer l'administration.

M. TROTTIN.

Non pas, M. le vicomte, leurs lumières nous éblouissent. Qu'ils traitent de hautes questions politiques, qu'ils signalent les erreurs des ministres, à la bonne heure; mais qu'ils nous laissent administrer en paix, en famille, autrement l'on n'y peut pas tenir.

LE PRÉFET.

Mais les ministres ne sont pas du tout de votre avis, et quant aux questions politiques, vous savez...

M. TROTTIN.

Je sais que les jésuites et les ultramontains n'en veulent pas entendre parler; mais entre nous, M. le vicomte, il ne faut pas écouter tous ces messieurs de la congrégation qui se mêlent de tout, se fourrent partout et gâtent tout ce qu'ils touchent.

LE PRÉFET.

Silence, M. Trottin; voici M. de Saint-Ignace.

SCÈNE VI.

LE PRÉFET, M. TROTTIN, M. DE SAINT-IGNACE.

M. DE SAINT-IGNACE.

M. le vicomte, veuillez agréer l'hommage de mon respect; M. Trottin, j'ai bien l'honneur de vous saluer.

LE PRÉFET.

Je suis enchanté, monsieur, du plaisir de voir.....
(*A part.*) J'enrage.

M. DE SAINT-IGNACE.

(*A M. Trottin qui veut sortir.*) Vous n'êtes pas de trop, monsieur..... Je viens, M. le vicomte, vous exprimer notre surprise et notre douleur sur la manière dont la censure est exercée. Le journal *Libéral* s'est permis des propos contre les jésuites, qui ne devaient point passer. La religion est sans cesse compromise, la morale toujours exposée. Mais ce qu'il y a de plus horrible, c'est qu'après avoir nommé les jésuites ou la congrégation, le journaliste a eu l'audace de laisser des blancs, et vous sentez tout ce que les lecteurs ont mis à la place des blancs. Cela ne peut durer ainsi. La censure, monsieur, a été établie pour défendre la religion et ses saints organes, et plus d'une fois vous avez laissé passer des plaisanteries sur notre *Gazette.*

LE PRÉFET.

Dans mes instructions, monsieur, on m'a dit de laisser un champ assez vaste aux discussions.

M. DE SAINT-IGNACE.

Aux discussions, et vous avez pris cela à la lettre ! Mais comment, vous laisseriez donc le champ libre à des discussions contre la religion? N'oubliez pas, monsieur, que signaler les jésuites comme des ambitieux, des hypocrites, etc., c'est attaquer la religion. Laissez un champ vaste, si vous voulez, aux observations sur les actes ministériels, sur l'administration, etc.; mais je vous le demande, que signifie cette statistique du couvent de la Trappe, par laquelle on prétend prouver que les filles qui s'y trouvent ne vivent pas, en moyenne, une année entière, et à la suite de laquelle le journaliste a l'impertinence d'ajouter que c'est là un suicide que l'administration ne doit pas tolérer. Et de quel droit l'administration se mêlerait-elle de ce que font ces pieuses filles, dirigées par le saint abbé de l'estrange, qui vient de s'endormir dans les bras du Seigneur? n'est-ce pas là encore une thèse nouvelle contre le fanatisme et l'ignorance? Ce fanatisme, cette ignorance, nous conviennent, et gardez-vous d'y toucher.

M. TROTTIN.

Vous voulez, monsieur, que les journaux critiquent l'administration; je vous ferai observer....

M. DE SAINT-IGNACE.

C'est bon, monsieur; vous n'entendez rien à ces choses-là. Occupez-vous de vos pavés qui sont en si triste état. Quant à vous, M. le vicomte, je suis bien obligé de vous dire que nous en avons écrit à Paris; on vous donnera des instructions plus précises.

LE PRÉFET.

Lorsque j'aurai reçu des instructions, je m'y conformerai. Mais, monsieur, obligez-moi aussi de donner à votre *Gazette* un ton plus modéré. Ses emportemens irritent les esprits et contre elle et contre la religion qu'elle prétend défendre, et en vérité, je me vois forcé de lui faire quelques mutilations.

M. DE SAINT-IGNACE.

En effet, j'oubliais; comment, M. le vicomte, pouvez vous ainsi confondre vos amis avec vos ennemis,

les bons avec les méchans, les doctrines salutaires avec
les doctrines perverses? Les idées nouvelles ont jeté
de profondes racines; mais, avec l'aide du Ciel, nous
les arracherons. L'administration ne comprend pas ses
devoirs, nous les lui ferons connaître; la censure est
appelée à de hautes destinées, mais l'état actuel n'est
que transitoire. Quand la censure sera dans nos mains
(et la protection visible de Dieu nous la livrera bientôt);
quand la censure sera dans nos mains, vous verrez comment nous la voulons. Le peuple n'entendra alors que
nos leçons; et, délivrée de ses odieux adversaires, la
religion triomphera.

M. TROTTIN.

Mais, Monsieur, la religion ne triomphe-t-elle pas
déjà? les revenus de l'église grandissent tous les jours,
les couvens se multiplient, et la corruption qui com-
mence à se glisser dans les rangs de ses ministres,
prouve que les richesses de l'église offrent déjà un appât
à l'ambition et à l'hypocrisie.

M. DE SAINT-IGNACE.

Arrêtez, Monsieur, un tel langage est digne du *Libéral*. Du reste, je vous l'ai dit, la philosophie moderne
a gangrené tous les cœurs, et vous ne comprenez pas
même ce qu'il faut entendre par le mot religion; mais,
je le répète, avec le temps et avec l'aide de Dieu, nous
vous l'apprendrons, (*en regardant M. le préfet*) ainsi
qu'à beaucoup d'autres.

SCÈNE VII.

LE PRÉFET, M. DE SAINT-IGNACE, M. TROTTIN,
M. TATILLON.

M. TATILLON.

Mille pardons, monsieur le vicomte, mais je suis
pressé; j'ai tant à faire! Depuis votre censure, tout le

monde se plaint ; en vérité, je ne sais où donner de la tête. Je viens des bureaux de la *Gazette*, j'ai passé un instant dans les bureaux du *Libéral* ; en vérité, c'est partout un concert de malédictions.(*Apercevant M Trottin*), Ah ! c'est vous, monsieur Trottin, vous voilà furieux pour vos pavés ; je leur ai bien dit qu'ils avaient tort ; ce qui pressait le plus, c'étaient vos encombremens dans les rues ; en vérité, on ne sait où passer. (*Se tournant vers M. de St-Ignace*), Monsieur de St-Ignace, enchanté de vous voir ; vous avez donc quitté cette petite Flora ? ah ! c'est mal, elle est furieuse, elle va venir ici dans l'instant.

M. DE SAINT-IGNACE.

Je ne sais ce que vous voulez dire, Monsieur. (*Tirant sa montre*), onze heures ! le conseil de fabrique de ma paroisse est assemblé : pardon, monsieur le vicomte, je suis forcé de vous quitter. (*Il sort.*)

SCÈNE VIII.

LE PRÉFET, M. TATILLON, M. TROTTIN.

M. TROTTIN.

Qu'est-ce donc que cette petite Flora ?

M. TATILLON.

Vous ne la connaissez pas ? c'est cette actrice qui a quarante ans et qui joue les ingénues ; c'est un péché caché de M. de Saint-Ignace ; j'ai été bien aise de vous le faire connaître.

M. TROTTIN.

Mais ce pieux Saint-Ignace ne va jamais au théâtre.

M. TATILLON.

Non sans doute, il ne va pas au théâtre où on le verrait ; mais il va chez les actrices où on ne le voit pas. A propos.....

LE PRÉFET.

Finissons, Messieurs, que me veut cette demoiselle Flora ?

M. TATILLON.

Je l'entends dans l'antichambre; elle va vous le dire.

SCÈNE IX.

LE PRÉFET, M. TROTTIN, M. TATILLON, Mlle FLORA.

M. TATILLON.

ENTREZ, entrez, Mademoiselle; M. le préfet est disposé à vous entendre.

MADEMOISELLE FLORA, *son mouchoir à la main et les yeux baignés de pleurs.*

Justice ! monsieur le vicomte, justice ! comment faites - vous donc la censure ? ce misérable journaliste du *libéral* qui a osé dire que j'avais vingt ans de trop pour jouer les ingénues, et vous avez permis cela ! vous le croyez donc vous-même? (*Elle sanglote.*) Ah ! ah ! je suis une femme perdue !

LE PRÉFET.

Je ne puis, Mademoiselle, entrer dans tous ces détails ; et chacun est bien libre de juger un acteur comme il l'entend.

Mlle FLORA.

Juger un acteur, à la bonne heure; mais vieillir une actrice, c'est une atrocité, une horreur! A quel âge veut-il donc que l'on joue les ingénues ? j'ai vingt-six ans au plus. Demandez à M. de St-Ignace, il peut vous le dire, il y a assez long-temps que j'ai l'honneur de le connaître.

LE PRÉFET.

Vous pouvez, Mademoiselle, aller trouver le journaliste dont vous vous plaignez. Pour vous, Messieurs, je penserai à ce que vous m'avez dit.

M. TATILLON.

Vous avez affaire, monsieur le vicomte ; monsieur Trottin, venez avec moi ; mademoiselle Flora, je vous recommanderai au *libéral.* (*Ils sortent.*)

SCÈNE X.

LE PRÉFET, *seul.*

Ouf ! je n'en puis plus. Est-il plus infame métier que celui de censeur ? je n'en puisplus ! Lupinet ! Lupinet !

SCÈNE XI.

LE PRÉFET, LUPINET.

LE PRÉFET.

Monsieur Lupinet, à ce soir à quatre heures, nous censurerons ensemble ; mais ce sera pour la dernière fois.

M. LUPINET.

Je serai à vos ordres, monsieur le vicomte.
(*Ils sortent.*)

---

25 juillet, quatre heures du soir.

SCÈNE PREMIÈRE.

LE PRÉFET, M. LUPINET.

LE PRÉFET.

Les rédacteurs sont-ils là, avec les épreuves ?

M. LUPINET.

Oui, monsieur le vicomte ; le rédacteur du *Libéral* est arrivé depuis une demi heure, celui de la *Gazette* vient d'entrer.

LE PRÉFET.

Commençons par la *Gazette*.

SCÈNE II.

LE PRÉFET, M. LUPINET, LE RÉDACTEUR en chef de la *Gazette* ultramontaine.

LE RÉDACTEUR.

Monsieur le vicomte, voici nos épreuves ; nous sommes un peu pressés ; si vous vouliez bien les approuver, vous nous obligeriez.

LE PRÉFET.

Il faut au moins que je les lise.

LE RÉDACTEUR.

Demain, monsieur le vicomte, vous les lirez dans le journal. M. de St-Ignace m'a dit que vous auriez cette complaisance, et nous y avons compté.

LE PRÉFET.

A la bonne heure ; mais laissez-moi au moins les parcourir (*il prend les épreuves.*) Ah ! voici un article sur la censure administrative. Diable ! comme vous me traitez ! (*il lit.*) « Il est des gens qui, dans leur impartialité » imbécille, mutilent leurs amis, pour se donner le droit » de mutiler leurs adversaires....... » Je ne puis laisser passer ce trait-là, et avec votre permission je vais l'effacer.

LE RÉDACTEUR.

Mille pardons, monsieur le vicomte, mais ces messieurs tiennent à ce trait plus qu'à tous les autres, et ils sont gens à le laisser malgré vos ciseaux.

M. LUPIN.

Allons, monsieur le vicomte, en vérité cela n'en vaut pas la peine ; si notre impartialité est imbécille aux yeux de ces messieurs, les autres la trouveront louable.

LE PRÉFET.

Soit : (*il lit.*) Comment ! ah, c'est trop fort ! « les » libéraux sont anticontagionistes, parce que par un » secret instinct, ils veulent tout ce qui peut nuire à l'hu-» manité ! » Voilà une atroce calomnie, une personnalité odieuse ; je l'efface.

LE RÉDACTEUR.

Mais, Monsieur, c'est là notre opinion ; et, encore une fois, nous voulons la dire librement.

M. LUPINET.

Voilà, voilà qui est bien. monsieur le vicomte, j'appose la griffe, et n'en parlons plus.

LE RÉDACTEUR.

Monsieur le vicomte, nous avons entendu dire que vous vouliez renoncer aux fonctions de censeur. Vous sentez combien il nous serait désagréable d'avoir des discussions avec quelque pédant bien ridicule et bien idiot ; et je suis chargé de vous prier de nommer le censeur que nous vous désignerons, où de continuer à nous censurer vous-même, ou de ne plus nous censurer du tout ; ce qui sera beaucoup plus simple.

LE PRÉFET.

Nous verrons ce que j'aurai à faire : adieu, Monsieur, mes amitiés à M. de Saint-Ignace.

(*Le rédacteur sort.*)

SCÈNE III.

LE PRÉFET, M. LUPINET.

LE PRÉFET.

Eh bien ! sont-ils assez impertinens ?

M. LUPINET.

Mon Dieu ! monsieur le vicomte, il faut bien en prendre son parti ; ils sont les plus forts, ils disposent des places, ils le savent, ils en profitent ; et nous, il faut ployer, je ne connais que ça.

LE PRÉFET.

Faites entrer le rédacteur du *Libéral.*

M. LUPINET.

Oui, monsieur le vicomte, nous allons maintenant prendre notre revanche ; c'est le ricochet.

SCÈNE IV.

LE PRÉFET, M. LUPINET, LE RÉDACTEUR *du Libéral.*

M. LUPINET.

Aujourd'hui, Messieurs, avez-vous été plus sages ?

LE RÉDACTEUR.

Voici nos épreuves ; vous verrez si notre sagesse s'entend avec la vôtre. Si nous osions, monsieur le préfet, nous vous prierions de mutiler un peu moins des articles complètement innocens ; la censure nous fait un mal affreux.

LE PRÉFET.

J'en suis fâché, Monsieur, mais j'ai des instructions et je dois m'y conformer. (*Il prend les épreuves et les lit.*) Comment voulez-vous que je laisse passer cet article sur Alger ? vous dites que deux vaisseaux ont été pris par les pirates ; que cette guerre de pygmées fera un mal immense au commerce ; qu'elle coûtera plusieurs millions à la France, et se terminera à la honte d'un ministère mesquin dans ses colères autant que maladroit dans ses vengeances.

LE RÉDACTEUR.

Mais, Monsieur, c'est la vérité.

M. LUPINET.

Toute vérité n'est pas bonne à dire. Biffez, monsieur le vicomte, biffez sans miséricorde.

LE PRÉFET, *lisant.*

Ah ! voilà encore des jésuites ; nous n'en voulons pas de jésuites, Monsieur, je vous en préviens.

LE RÉDACTEUR.

Ni nous non plus, Monsieur ; ainsi nous sommes d'accord.

LE PRÉFET, *riant.*

Vous me comprenez bien........ (*il lit.*) Voilà qui est bien ! l'éloge du clergé des paroisses et celui des curés de campagne.

M. LUPINET.

Mais pas un mot en faveur des missionnaires, c'est une indignité ! il faut biffer.

LE PRÉFET, *lisant.*

Non, non pas, s'il vous plaît ; mais que vous a donc fait M. Trottin ? vous vous plaignez des amas de terre causés par le dernier orage ! je devrais biffer ! cependant vos plaintes ont un air de bienveillance, je les laisse.... Ah ! un article de théâtre ; (*il rit*) des excuses à mademoiselle Flora. « Personne mieux que Mlle Flora ne » peut jouer les ingénues, puisqu'elle a dans ces rôles » une expérience de plus de vingt ans. » Passe, passe, tenez, Monsieur, voici vos épreuves.

LE RÉDACTEUR.

Elles sont horriblement mutilées.

LE PRÉFET.

Le moins de blancs possible !

(*Le rédacteur sort.*)

SCÈNE V.

LE PRÉFET, M. LUPINET.

LE PRÉFET *se promenant dans son cabinet, et d'un accent tragique.*

Es-tu content, Lupinet ?

LUPINET.

Si vous aviez biffé davantage, je le serais plus encore : et puis vous ne faites des concessions à la *Gazette* que de mauvaise grâce ; enfin nous verrons demain matin, il y aura encore des plaintes.

LE PRÉFET.

Pas possible ! je vais partir pour la campagne, ainsi à demain.

---

26 juillet, onze heures du matin.

SCÈNE PREMIÈRE.

LE PRÉFET *entre par la porte de gauche, et* M. LUPINET *par la porte de droite.*

M. LUPINET, *le visage animé et les vêtemens en désordre.*

Ouf ! quelle cohue ! quels cris ! ah ! monsieur le préfet, j'étouffe.

LE PRÉFET.

Mais qu'avez-vous donc, Renard ?

M. LUPINET, *en montrant l'antichambre.*

Parbleu ce que j'ai ! ils sont là dedans plus de trente qui font du bruit comme cent. Ah ! il faut les entendre comme ils nous arrangent !

LE PRÉFET.

Et de quoi se plaignent-ils donc ?

M. LUPINET.

De quoi ils se plaignent ! eh ! de notre censure. (*On
entend un grand bruit de voix confuses parmi lesquelles
on distingue celle de M. de Courte-Vue.*) Entendez-les !
entendez surtout M. de Courte - Vue ; il veut entrer à
toutes forces.

LE PRÉFET, *fort agité.*

Lupinet ! je n'aime pas ces scènes, je m'en vais : vous
les recevrez comme vous pourrez... (*Le bruit augmente.*)

SCÈNE II.

UN VALET *qui entre* (*à la cantonnade.*)

Vous n'entrerez pas ! monsieur le vicomte n'est pas
encore visible !

M. DE COURTE-VUE, *se précipitant dans le cabinet malgré
les efforts du valet.*

J'entrerai, maraud, j'entrerai. (*Il court après le préfet
qui s'esquive.*) Ah ! monsieur le vicomte, c'est trop fort ;
et le *Libéral* d'aujourd'hui est insoutenable. Comparer
nos curés à des sages, à des philosophes ! ils veulent
les corrompre ! c'est.....

LE PRÉFET, *se dégageant.*

J'ai à faire ailleurs, Monsieur, adressez vos plaintes à
Lupinet. (*Il sort.*)

*A ce moment, la foule se précipite de l'antichambre
dans le cabinet.*

SCÈNE III.

M. LUPINET, M. DE COURTE-VUE, M. DE SAINT-
IGNACE, M. TROTTIN, M. TATILLON, M. BON-
SENS, Mlle FLORA, plusieurs Postulans et Postulantes.

TOUS A LA FOIS.

C'est une horreur !

(23)

M. DE SAINT-IGNACE.

Louer les curés, c'est insulter aux missionnaires et
aux jésuites!

M. TROTTIN.

Dire que trois voitures ont versé, tandis qu'il n'y en
a eu que deux qui ont eu ce malheur!

M. DE COURTE-VUE.

Les curés, des philosophes!

Mlle FLORA.

Moi, vingt ans d'expérience!

LATILLON, *parlant successivement à tous avec la plus grande
activité.*

Oui, vous avez raison! Lupinet, répondez donc. Les
curés ne sont point des philosophes! les missionnaires et les
jésuites devaient se trouver dans le *libéral*, ne se fourrent-
ils pas partout? C'est une chose sûre, Mlle Flora n'a
que vingt-six ans. Deux voitures seulement ont versé.
Répondez donc, Lupinet. Répondez-donc! Ah! la censure
est une horreur!

TOUS.

Oui, oui, c'est une horreur!

M. TATILLON, *apercevant M. Bonsens qui rit à gorge
déployée.*

Mais que fait donc là ce Monsieur qui rit à étouffer?

M. BONSENS.

Messieurs, j'étais venu pour parler à M. le préfet de
nos chemins vicinaux; je ne m'attendais pas à assister à
une comédie si plaisante!

TOUS, *autour de Bonses.*

Comment, la censure n'est pas une horreur!

M. BONSENS.

C'est plus que cela, c'est une absurdité. Vouloir établir
la censure chez un peuple éclairé et susceptible, est
désormais impossible: mais, croyez-moi, au lieu de

vous plaindre de M. le préfet et de M. Lupinet, son substitut, éclairez le Gouvernement sur la stupidité de la censure ; au besoin, adressez-vous au Roi, faites qu'il sache, et alors nous serons délivrés de la censure et de ceux qui l'ont imposée à la France.

M. TATILLON.

Bien, bien, monsieur Bonsens ! qu'en dîtes-vous, messieurs ?

M. TROTTIN.

Ma foi, je crois qu'il a raison.

M. DE SAINT-IGNACE.

Ce monsieur-là est un sot !   (*Il sort.*)

M. DE COURTE-VUE.

Cet homme-là m'a tout l'air d'un philosophe. (*Tout le monde rit.*)

Je ne me savais pas si plaisant que je suis.   (*Il sort.*)

(*On rit aux éclats.*)

M. TATILLON.

Allons, Messieurs, allons écrire, faire des pétitions ; vous m'entendez.   (*Tout le monde sort en riant.*)

SCÈNE IV ET DERNIÈRE.

M. LUPINET, *seul.*

Enfin m'en voilà débarrassé ; sans M. Bonsens, j'étais moulu. Allons instruire M. le préfet de tout ce qui s'est passé, et le presser de se décharger du fardeau de la censure sur le dos de quelque imbécille. (*Il sort.*)

FIN.

LA CENSURE

EN PROVINCE.

SCÈNES HISTORIQUES.

DOCUMENS

POUR SERVIR A L'HISTOIRE DE L'ANNÉE 1827.

DEUXIÈME PARTIE.

LYON,

IMPRIMERIE DE C. COQUE,

RUE DE L'ARCHEVÊCHÉ, N° 3.

1827.

PERSONNAGES.

M. DOCET, professeur de l'université, censeur des
  journaux.
M. FRANCK, son fils.
M. LE PRÉFET.
M. DE St-IGNACE.
L'ÉDITEUR *du Libéral.*
UN HUISSIER.
EMPLOYÉS de la Préfecture.
M. TROTTIN.
M. RUBROCHE DE BIENAUCHAMP.

LA CENSURE

EN PROVINCE.

SCÈNES HISTORIQUES.

DOCUMENS

POUR SERVIR A L'HISTOIRE DE L'ANNÉE 1827.

DEUXIÈME PARTIE.

ACTE PREMIER.

La Scène est à la Préfecture, dans l'antichambre du salon de M. le Préfet.

SCÈNE PREMIÈRE.

MM. DOCET, FRANC *son fils*, **UN HUISSIER.**

M. DOCET *à l'Huissier.*

Monsieur le Préfet est-il visible?

L'HUISSIER.

Que désire Monsieur?

(4.)

M. DOCET.

Je vous demande si M. le Préfet est dans ses appartemens.

L'HUISSIER.

Cela dépend de ce que vous avez à lui dire.

M. DOCET.

Ho ! quanta species si cerebrum haberet !

L'HUISSIER.

Comment, Monsieur ? je n'ai pas entendu.

M. DOCET.

Je dis que vous êtes un sot, et que la présence de M. le
Préfet ne peut dépendre des choses dont j'ai à l'entre-
tenir.

L'HUISSIER.

C'est pourtant, Monsieur, comme je me fais l'honneur
de vous le dire.

M. DOCET.

O race de valets, *servum pecus !* Sachez, Monsieur
l'impertinent, que vous parlez à M. Docet, professeur à
l'université, censeur royal, en vertu d'une décision de
S. Exc. monseigneur de.....

L'HUISSIER.

Ah ! pardon, mille fois pardon, Monsieur le censeur
royal ; que ne le disiez-vous plus tôt, je me serais em-
pressé.....

M. DOCET *avec dignité.*

I, et redi statim, domini verbum referens.

L'HUISSIER.

Vous voulez, dites-vous, lui faire la révérence ?
(*M. Docet fait une grimace.*) Pardon ! c'est que, voyez-
vous, pour le grec je ne suis pas des plus forts.

M. DOCET.

Je vous prie de m'annoncer à votre maître, et de
m'apporter sa réponse dans l'instant.

L'HUISSIER.

J'y cours. (*Il sort.*)

M. FRANCK.

Pourrai-je vous prier, mon père, de m'expliquer ce que tout cela signifie, car depuis plus d'une heure que contre votre ordinaire vous me faites courir d'un train de poste, je suis encore à deviner ce qui vous arrive,' et d'où vient l'agitation extrême où je vous vois. Pourquoi sommes-nous ici? et.....

M. DOCET.

Tace, fili mi ! tandem et denique tandem.....

M. FRANCK.

Parlez-moi français, mon père, je vous en supplie.

M. DOCET.

Eh bien ! puisque vous voulez le savoir, apprenez, ô mon fils ! que le mérite reçoit tôt ou tard sa récompense.... votre père, *pater tuus*, vient d'être élevé à la dignité de censeur royal.

M. FRANCK.

Censeur royal.... des études, sans doute, car autrement....

M. DOCET.

Fi ! fi ! *ignave puer;* assez de bambins comme cela..... Me croyez-vous destiné à croupir éternellement au milieu des thèmes et des versions?.... Lisez plutôt. (*Il lui remet une lettre décachetée.*)

M. FRANCK *lisant la suscription.*

M. le Préfet du département du ,etc.

A M. Docet, professeur, etc. Voyons.

« Monsieur, j'ai l'honneur de vous annoncer que,
» d'après la faculté qui m'en est donnée par la loi, je
» vous ai choisi entre tous, et comme le plus digne, pour
» exercer les fonctions de censeur du journal..... des
» journaux. » Ce mot-là est surchargé, et je ne sais si l'on a voulu mettre *du journal* ou des journaux.

M. DOCET.

Des journaux, Monsieur, continuez.

M. FRANCK *lisant.*

« Du journal ou des journaux de cette ville. Vos lu-
» mières et votre dévouement à la cause royale, me sont
» un sûr garant que vous vous acquitterez dignement de
» ces nobles fonctions. Je vous prie, en conséquence, de
» vous rendre dans mon cabinet, demain à dix heures
» précises du matin, pour y recevoir les instructions
» particulières, d'après lesquelles vous devez, etc. J'ai
» l'honneur, etc. »
Comment, mon père, c'est là....

M. DOCET.

Dix heures précises ! J'espère que je suis ponctuel;
car (*il tire sa montre*) il n'est encore que dix heures
moins cinq minutes....

M. FRANCK.

Quoi, mon père, vous allez devenir censeur des journaux !

M. DOCET.

Oui, mon fils; et voilà ce que c'est que d'avoir suivi
toujours l'étroit sentier de la probité, et d'être parvenu
au temple de la science.... *honos et decus....* ma gloire
rejaillira sur vous, ô mon fils ! aussi bien que le profit....
car de pareilles fonctions....

M. FRANCK.

De grâce, mon père, écoutez-moi. Savez-vous ce que
c'est que cette place qu'on vous offre ? savez-vous que
loin de vous attirer de la gloire, elle vous rendra l'objet
du mépris, de la risée, de l'animadversion générale ?
savez-vous que tous les gens de bien l'ont repoussée avec
horreur,.... que votre inexpérience des choses de ce
monde a pu seule déterminer le choix que l'on a fait de
vous, et que....

M. DOCET.

Silence, mon fils ! Si l'on vous entendait.... Apprenez
vous même que le titre de censeur royal fut de tout temps

honorable et lucratif. Votre grand-père Balthazar *Docet*
le posséda en 1750. Votre trisaïeul maternel, Marc-
Antoine *Castigans*, en fut investi en 1680 , et c'est une
gloire dont le souvenir s'est conservé et se perpétuera
dans les deux familles dont vous êtes l'unique rejeton....
Et quel honneur qu'aujourd'hui votre père lui-même,....

M. FRANCK.

Mon père, je vous en conjure par tout ce qui peut vous
émouvoir, éloignez de votre esprit ces souvenirs trom-
peurs.... Oui, ces titres ont été honorables, autrefois ;
mais ils ont cessé de l'être; ils sont devenus infamans
depuis qu'ils sont destinés à comprimer des droits dont
on ne soupçonnait pas même alors l'existence.... Voulez-
vous devenir un instrument d'oppression, un geolier de
la pensée? Mon père, refusez, croyez-moi, cet honneur
prétendu.

M. DOCET.

Chut : on vient.... laissez-moi faire.

L'HUISSIER *à haute voix.*

Monsieur le censeur royal !

M. DOCET, *à son fils.*

Attendez-moi ; je reviens à l'instant. (*Il entre.*)

SCÈNE II.

*Le Théâtre représente l'intérieur du salon de M. le
Préfet.*

M. LE PRÉFET, M. DE St-IGNACE, M. DOCET.

M. LE PRÉFET.

Entrez, Monsieur le censeur; pardon de vous avoir
fait attendre.... Voici M. de St-Ignace qui a mandat de
s'adjoindre à moi pour vous mettre au courant des
choses qui vous sont nécessaires.... Veuillez donc
prendre place. (*M. Docet prend un siége et s'assied.*)

M. DE ST-IGNACE.

J'espère que Monsieur est instruit....

M. DOCET *avec dignité.*

J'ose croire que Monsieur n'a pas de doute à cet égard. On n'a pas professé le latin, le grec, l'histoire, pendant trente ans et plus, sans avoir....

M. DE ST-IGNACE.

Vous me comprenez mal.... Je sais, Monsieur, que vous êtes très-savant, très-dévoué, très-pieux, très-pieux surtout; et la preuve que l'on a cette opinion, c'est que l'on a jeté les yeux sur vous pour vous charger des honorables fonctions de censeur.... Seulement je désirerais savoir si vous connaissez les devoirs que ces mêmes fonctions vous imposent.

M. DOCET.

Les devoirs! Monsieur. Oui, j'ose me flatter de connaître mes devoirs. Un homme qui possède comme moi son Cicéron, qui a lu, traduit et expliqué mille fois le *de officiis*, peut se flatter....

M. DE ST-IGNACE.

Il ne s'agit, Monsieur, ni de Cicéron ni de son *de officiis*. Et quant aux devoirs dont je vous parle, il ne serait pas étonnant que vous les ignorassiez; car ils tiennent à certaines instructions particulières et secrètes, qui ne vous ont pas encore été données.

M. DOCET.

J'entends ce que Monsieur veut dire : il s'agit de ce que les Romains appelaient un *mandatum secretum*, ou plutôt il est question de certaines clauses qui restent en dehors de la stipulation écrite.... Vous voyez que je devine facilement.

M. DE ST-IGNACE.

C'est cela même; et M. le Préfet voudra bien vous communiquer d'abord les instructions qui le concernent.

M. DOCET.

Je vous écoute, Messieurs, et pour rappeler le vers de Virgile : *Intentus os teneo.*

M. LE PRÉFET, *négligemment.*

Pour moi, Monsieur, il me suffira de vous dire que vous devez empêcher que l'on outrage la religion, le roi, les ministres ; les ministres surtout..... vous m'entendez.... que l'on parle mal des administrations en général, et de la mienne en particulier ; que l'on agite les citoyens par des maximes dangereuses, et que.... Ce peu de mots sainement entendus contient toute la règle de votre conduite.

M. DOCET.

Ne s'agit-il que de cela ?

M. DE ST-IGNACE.

Non, Monsieur, il ne s'agit que de cela ; mais il faut, comme l'a fort bien dit M. le Préfet, entendre sainement ces paroles. Or, pour bien les comprendre, il importe que vous sachiez d'abord comment on peut outrager la religion.

M. DOCET.

Ah, mon Dieu ! je sais cela par cœur, depuis mon catéchisme : on outrage la religion par pensées, par paroles ou par actions.

M. DE ST-IGNACE.

Permettez-moi, Monsieur, de vous faire observer qu'il n'est ici nullement question de catéchisme. Le catéchisme a en effet donné ainsi la définition du péché ; mais cela n'est pas de votre ressort. Vous êtes chargé de prévenir les délits de la presse, et ceux-là ne se commettent ni par pensées, ni par paroles, ni par actions, mais par publication d'écrits ; il nous importe peu qu'on pense ou qu'on agisse bien ; l'essentiel, pour nous, est qu'on n'écrive pas..... mal.

M. DOCET.

Ah! Monsieur, vous avez bien raison; l'art d'écrire
est tombé dans une décadence épouvantable..... Il y a
des gens qui se mêlent de composer et qui ne connaissent pas même les élémens d'une phrase.

La grammaire, qui sait régenter jusqu'aux rois,
Et les fait, la main haute, obéir à ses lois,

la grammaire elle-même est à chaque instant violée;
c'est ce que je ne souffrirai pas, et je veux....

M. DE ST-IGNACE.

Encore un coup, laissez là votre grammaire.... Plût
à Dieu qu'elle seule fût attaquée!.... le venin libéral en
serait moins dangereux.... J'entends dire seulement qu'il
ne faut pas laisser dire des choses qui puissent altérer
la vénération que chacun doit avoir pour les hommes
de notre caractère.... Voilà ce que j'appelle écrire mal.

M. DOCET.

Oui; vous avez raison, et c'est dans ce sens qu'on
dit : *Pejus est malè scribere, quàm malè agere aut co-
gitare*, parce que l'écrit se répandant....

M. DE ST-IGNACE.

Pour cette fois, vous y êtes; c'est cela même : maintenant votre premier devoir, comme vous l'a expliqué
M. le Préfet, étant d'empêcher les outrages à la religion,
vous devez savoir que le plus punissable de tous ces
outrages est d'attaquer ses ministres.

M. DOCET.

Avec votre permission, Monsieur, il me semble que
les ministres doivent passer après Dieu, *post Deum
sacerdotes !*

M. DE SAINT-IGNACE,

C'est en quoi vous vous trompez, Monsieur; Dieu est,

Dieu ; ainsi il est assez fort pour se défendre lui-même...
au lieu que ses ministres...

M. DOCET.

Pensez-vous, Monsieur, qu'il ne soit pas assez puissant
pour défendre aussi ses ministres ?

M. DE SAINT-IGNACE.

Point de plaisanterie, Monsieur.

M. DOCET.

Des plaisanteries, Dieu m'en garde ! Boileau n'a-t-il
pas dit :

> « Mais surtout n'allez pas, goguenard dangereux,
> » Faire Dieu le sujet d'un badinage affreux. »

Mais, je vous comprends ; je ne souffrirai pas qu'on
parle mal des prêtres.... à moins que l'on ne prouve claire-
ment les choses.... alors.

M. DE SAINT-IGNACE, à part.

Eh ! mais en vérité cet homme extravague. (Haut.)
Eh ! Monsieur, ne comprenez-vous pas que l'essentiel est
d'empêcher que l'on ne prouve !....

M. DOCET.

Comment cela ? l'axiôme latin n'a-t-il pas dit : Actore
non probante reus absolvitur!

M. DE SAINT-IGNACE.

Laissez là vos axiômes, ou plutôt sachez les comprendre. Oui, l'accusé est absous, quand l'accusateur ne
prouve pas... mais quand il prouve...

M. DOCET.

Eh bien !

M. DE ST-IGNACE.

Eh bien !

M. DOCET.

Eh bien ! l'accusé n'est pas absous.

M. DE ST IGNACE.

Donc il faut empêcher la preuve...

M. DOCET.

Eh ! pourquoi?

M. DE ST-IGNACE.

Pourquoi? pourquoi? (*A M. le Préfet, à part.*) Monsieur le Préfet, de grâce parlez donc à cet homme, car en vérité il ne comprend rien de rien.

M. LE PRÉFET, *à M. Docet.*

M. de St-Ignace vous fait l'honneur de vous dire que si c'est un mal que de calomnier les ministres du culte, c'est un plus grand mal d'en médire simplement.

M. DOCET.

Comment, Monsieur, il vaut mieux calomnier que médire ! !

M. DE ST-IGNACE.

Ni l'un ni l'autre ne valent rien; mais enfin la calomnie tombe d'elle-même; au lieu que la médisance..... et notez que ces drôles-là ont l'infernale tactique de toujours présenter la preuve au bout; et vous sentez....

M. DOCET.

Oui, oui, j'entends; toute vérité n'est pas bonne à dire.... voilà ce que c'est : que ne le disiez-vous plus tôt? il y a long-temps que j'ai expliqué cela à mes élèves, à propos de l'adage *Amicus Plato, magis amica veritas.*

M. DE ST-IGNACE.

C'est bien. Or, maintenant vous comprenez que ces messieurs ne s'aviseront plus d'imprimer que les jésuites sont des hommes hypocrites, immoraux, intrigans, et mille autres fadaises dont ils avaient coutume de les affubler; ils savent trop bien que de tels articles seraient impitoyablement biffés; mais ils ont certaines manières obscures, détournées, équivoques.......

M. DOCET.

Oui, oui, ce que nous appelons, nous autres professeurs, des phrases amphibologiques, c'est-à-dire de ces phrases dans lesquelles on ne saurait distinguer le nominatif du verbe d'avec son régime, comme par exemple....

M. DE ST-IGNACE, *à M. le Préfet, à part.*

Eh ! mais, Monsieur le Préfet, cet homme est décidément fou.

M. DOCET.

Avec moi point d'ambages ni de circonlocutions.... il faut que la phrase soit nette, correcte, régulière, c'est-à-dire composée d'un nominatif ou sujet, d'un verbe exprimant un mode d'action quelconque et d'un régime ou objet direct ou indirect.... car les verbes neutres, comme vous le savez très-bien, Messieurs....

(*Pendant que M. Docet articule le couplet qui précède, M. le Préfet et M. de St-Ignace le regardent, le premier avec un air d'étonnement joyeux, et le second avec dépit et colère.*)

M. DE ST-IGNACE.

Oh çà, Monsieur Docet ! nous prenez-vous pour des écoliers ?

M. DOCET.

Ce n'est pas pour vous que je dis cela ; si je vous disais qu'en rhétorique même j'ai vu......

M. DE ST-IGNACE.

Brisons là.... Monsieur le censeur : une fois pour toutes, je vous demande s'il vous plaît de m'écouter.

M. DOCET.

Oui, Monsieur, je vous écouterai ; mais pourtant j'ose me flatter que je ne commets ici aucune erreur ; il y a trente-cinq ans que je professe....

M. DE ST-IGNACE.

Et il y a tout autant de temps que vous ne savez ce que vous dites. (*A part.*) Monsieur le Préfet, est il possible que vous ayez fait choix d'un pareil idiot ?

M. LE PRÉFET.

Trouvez mieux, si vous le pouvez, Monsieur de Saint-Ignace.... ou des hommes éclairés qui n'acceptent pas ; ou des sots et des pédans incapables de comprendre.... celui-là, ou point.... Il n'y avait pas de choix à faire.....

M. DE ST-IGNACE.

Il faut en finir. Veuillez, Monsieur Docet, prendre note de l'avis que je vais vous donner : ne pas souffrir que le *Libéral* parle en aucune manière, soit des jésuites ou du clergé, soit de l'église ou de la religion, soit des cérémonies du culte ou de rien de ce qui peut se rapporter à ces matières importantes. Et quand vous serez embarrassé, vous viendrez me trouver; vous m'entendez.... Que diable ! par ce moyen nous l'empêcherons peut-être de faire des bévues.

Monsieur le Préfet, je regrette que l'heure du synode m'oblige à vous quitter si tôt. Veuillez recevoir mes salutations.... Monsieur Docet, au revoir; nous compléterons une autre fois vos instructions.

(*Il sort.*)

SCÈNE III.

M. LE PRÉFET, M. DOCET, un HUISSIER.

L'HUISSIER.

L'éditeur du *Libéral !*

M. LE PRÉFET, *à M. Docet.*

Eh ! bien, monsieur Docet, vous allez commencer vos fonctions, car voici déjà l'éditeur du *Libéral* qui apporte ses épreuves pour les soumettre à la censure.

Veuillez donc vous établir dans cette pièce contiguë, où vous continuerez à prendre vos séances aussi long-temps que dureront vos fonctions.

(*A part.*) Enfin, pour ce coup, nous voilà débarrassés.

M. DOCET.

Monsieur le Préfet, encore un mot, s'il vous plaît.

M. LE PRÉFET.

De quoi s'agit-il ?

M. DOCET.

Ce monsieur noir qui vient de sortir ne me paraît pas

avoir tout le respect possible pour la science.... est-ce
que nous ne ferions pas mieux de diriger la chose entre
nous, car, voyez-vous, je ne me soucie pas d'avoir affaire
avec.....

M. LE PRÉFET.

Que dites-vous là? Prenez garde.... nous sommes ici
entourés de ses gens, et si l'un d'eux vous entendait...

M. DOCET.

Eh bien ! qu'arriverait-il ?

M. LE PRÉFET.

Il arriverait que je serais forcé de vous donner un successeur.

M. DOCET.

Forcé de me donner un successeur ! et qui est-il donc
ce monsieur-là qui a tant de puissance !

M. LE PRÉFET.

C'est monsieur de Saint-Ignace; ne l'avez-vous pas
entendu nommer?

M. DOCET.

' Oui, en effet, c'est bien ainsi que vous l'appeliez; mais
son nom n'explique pas.....

M. LE PRÉFET.

C'est en quoi vous vous trompez, Monsieur, son nom
explique tout.

M. DOCET.

Et qu'est-ce que ce nom a donc de si redoutable? j'ai
toujours ouï dire que *nulla refert appellatio.*

M. LE PRÉFET, *souriant.*

Ceci est une hypothèse que vos classiques n'ont pas
prévue.

M. DOCET.

Mais, Monsieur, c'est bien vous qui êtes Préfet; ce
n'est pas lui qui vous a nommé, non plus que moi; et
quand le lutin s'en mêlerait, aussi long temps que vous
serez content de mes services, il ne peut trouver à redire
à ce qui ne le concerne pas.

M. LE PRÉFET.

Monsieur de St-Ignace a pouvoir de se mêler de tout, Monsieur.... Il ne nomme ni les préfets ni les censeurs ; mais il faut que les préfets et les censeurs agissent à sa guise ; autrement ils cessent d'être préfets et censeurs.

M. DOCET.

Ah ! j'entends : c'est quelque prince ou ministre qui vient, incognito.....

M. LE PRÉFET.

Il n'est ni ministre ni prince, et pourtant les ministres eux-mêmes sont obligés de le ménager.

M. DOCET.

Mais enfin qui est-il ? *Homo an Deus !*

M. LE PRÉFET.

Je vous l'ai déjà dit ; et ce mot explique tout... C'est M. de St-Ignace !

M. DOCET.

Ah ! Monsieur le Préfet, permettez-moi de vous dire que vous nous donnez là une définition vicieuse, parce que......

M. LE PRÉFET.

Il suffit qu'il ait le pouvoir de vous destituer, s'il n'est content de vous.

M. DOCET.

Eh bien ! Monsieur, en y réfléchissant, ce ne serait peut-être pas un grand malheur pour moi, parce qu'enfin mon fils Franck m'a dit que je serais méprisé, et...

M. LE PRÉFET.

Votre fils Franck est un sot, que vous devriez tancer comme il le mérite ! Quoi, Monsieur, des fonctions que j'ai exercées moi-même, et que le poids seul de mes occupations m'oblige d'abandonner....

M. DOCET.

Ah ! sans doute, sans doute ; puisque M. le Préfet les

a exercées lui-même, il faut bien qu'il n'y ait pas de déshonneur; pardon de mon indiscrétion.

SCÈNE IV.

La Scène est dans l'antichambre de M. le Préfet.

M. DOCET, M. FRANCK, L'ÉDITEUR DU *LIBÉRAL*.

M. DOCET.

Eh bien ! mon pauvre Franck , je t'ai bien fait attendre; mais que veux-tu ? il me fallait ce temps pour me dégager.

M. FRANCK.

Vous dégager ! Ah ! mon père, que je vous sais gré !

M. DOCET.

Pour me dégager des représentations et admonestations de tout genre dont ils m'ont accablé.

M. FRANCK.

Oh ! pour des représentations, des menaces même, c'est là leur fort.... Mais vous avez su résister.

M. DOCET.

Ah ! parbleu, c'est bien à moi que l'on peut donner des instructions.... moi docteur ès-lettres *et in utroque*, moi vice-président du Cercle académique, et qui dois être promu aujourd'hui même à celle de président en titre.... Ce serait par trop plaisant. Sachez, Monsieur, que je suis libre , très-libre , et que je puis, sans m'embarrasser de rien, me livrer aux opérations de ma charge.

M. FRANCK.

Oui, mon père, il vaut mieux vous borner à vos cours du collége, que d'accepter un emploi aussi avilissant.

M. DOCET.

Qu'est-ce donc que vous dites là , mon fils ? un emploi aussi avilissant ! Sachez que M. le Préfet lui-même s'en est honoré, et que le seul poids de ses fonctions, comme il l'a dit lui-même, a pu le décider...

M. FRANCK.

Eh bien ! à la bonne heure ; M. le Préfet est bien le maître d'entendre l'honneur à sa guise ; mais qu'il choisisse ailleurs un remplaçant.

M. DOCET.

Comment donc ? est-ce que par hasard vous me jugez indigne ? allez-vous, comme M. de St-Ignace, prétendre que je ne sais ce que je dis. .. Sachez que mon titre de censeur m'est acquis, définitivement acquis, et que je ne souffrirai pas que personne ait l'audace de me l'enlever.

M. FRANCK.

Quoi ! mon père, vous avez accepté ! Et que me disiez-vous donc ?

M. DOCET.

Je disais que votre père possède assez d'instruction et connaît assez ses devoirs, *ut homo, ut civis, ut doctor,* pour n'avoir pas besoin qu'on vienne l'endoctriner.

M. FRANCK, *avec émotion.*

Adieu mon père ! souvenez vous que votre détermination vient de décider du bonheur et du repos de votre vieillesse. (*Il sort.*)

SCÈNE V.

L'ÉDITEUR DU *LIBÉRAL*, M. DOCET.

M. DOCET.

C'est une chose étrange que de voir les jeunes gens d'aujourd'hui prétendre donner aux vieillards des leçons de sagesse... ils ne connaissent donc pas le *de senectute...* Mais laissons cela.... A nous deux, Monsieur le journaliste.

L'ÉDITEUR.

C'est à vous, à ce qu'il paraît, Monsieur, que sont dévolues désormais les tristes fonctions de censeur... je m'en félicite pour moi-même, et non pour vous, car...

M. DOCET.

C'est bon, c'est bon, Monsieur; voyons vos articles.

L'ÉDITEUR.

Les voici.... J'ose croire, Monsieur, que vous n'y trouverez rien de répréhensible.

M. DOCET.

Voilà comme vous êtes, vous autres; je vous fais le pari, Monsieur, d'y trouver, si je veux, plus de vingt solécismes, et peut-être autant de barbarismes; mais voyons..

Un éloge de Louis XVIII, auteur de la Charte... C'est bien... puis un éloge de la Charte... pas mal... Ah! je vous l'avais bien dit que j'y trouverais des solécismes.... Vous dites ici : *Voilà pourtant ce qu'i's veulent nous ravir*... Faites-moi le plaisir de me dire à quoi se rapporte ici le pronom *ils*.

L'ÉDITEUR.

Eh! mais, Monsieur, il se rapporte au ministère, aux jésuites, aux congréganistes, à tous les ennemis de nos institutions !

M. DOCET.

Hé bien! Monsieur, où est-il question du ministère, des jésuites, des congréganistes?

L'ÉDITEUR.

Il n'en est pas littéralement question dans l'article; mais le sens général de la rédaction l'indique suffisamment.

M. DOCET.

C'est en quoi vous vous trompez, Monsieur. Qu'est-ce qu'un pronom? c'est un mot que l'on met à la place d'un ou de plusieurs noms, suivant qu'il est singulier ou pluriel. Or, pour qu'il remplace le nom, il faut que le nom soit exprimé dans les phrases qui précèdent.

Voyez donc si, dans les phrases qui précèdent, vous

avez seulement nommé les personnes qui sont censées être le sujet du verbe.

L'ÉDITEUR.

Mais, Monsieur, cela s'entend.

M. DOCET.

Et moi je vous soutiens que cela ne s'entend pas du tout. Je vois ce que c'est ; vous avez cru qu'on pouvait, en français comme en latin, remplacer le pronom indéfini *on* par la troisième personne du pluriel dans les verbes actifs, et la troisième du singulier dans les verbes passifs... Ainsi on dit en latin *amant, on aime*, en sous-entendant *homines*, et *creditur, on croit*, en sous-entendant *hoc*. Il n'en est point ainsi en français, Monsieur : la langue française a ses règles, et la langue latine a les siennes qu'il ne faut pas confondre ; vous voyez donc, Monsieur, que vous ne comprenez pas même les premiers élémens de votre langue maternelle. Ainsi, Monsieur, point de quartier.. vous allez mettre : voilà pourtant ce qu'*on* veut nous ravir, au lieu de : ce qu'*ils* veulent nous ravir ; autrement je biffe l'article entier.

L'ÉDITEUR.

Oh ! Monsieur, nous n'aurons pas de difficultés pour cela ; je vous remercie des excellentes leçons qu'il vous plaît de nous donner.... et si la censure était toujours exercée comme cela ; il faut convenir que c'est à tort que l'on s'en effaroucherait.....

M. DOCET.

N'est-il pas vrai? je parie que M. le Préfet lui-même ne s'y entendait pas aussi bien que moi.. Je voudrais que ce petit-écervelé nous entendît, pour lui apprendre...

L'ÉDITEUR.

Voulez-vous bien, Monsieur, passer aux autres articles?

M. DOCET.

Vous convenez donc que la censure est une chose utile?

L'ÉDITEUR.

Oui, très-certainement, Monsieur, quand on la fait

comme vous... Mais, de grâce, s'il vous plaisait de continuer?

M. DOCET.

Ah! un article sur les élections! Oui, c'est cela, il faut
que tout le monde se fasse inscrire.... Voilà qui est très-
bien prouvé... Parbleu! vous me convertissez moi-même,
et dès ce jour je vous promets que je vais me mettre en
règle....

Voyons plus loin : qu'est-ce que c'est que cette secte indienne qui, par son hypocrisie, son immoralité et ses
affreux principes, mit plusieurs royaumes en révolte et en
combustion, fit assassiner plusieurs souverains, et finit
par se faire chasser, et qui aujourd'hui apparaît de nouveau, prête à envahir ce malheureux pays et à le couvrir
de ruines..... Diantre, voilà un fait dont il n'est pas parlé
dans nos histoires anciennes.... mais il est bon à retenir :
l'histoire est le flambeau de la politique... elle apprend à
la postérité à éviter les malheurs et les fautes de nos pères..
C'est très-bien cela, Monsieur; et lors même que ce serait
une fiction, elle est fort bien imaginée.

L'ÉDITEUR.

Ah ! Monsieur, ce n'est malheureusement pas une
fiction.

M. DOCET.

Oui-dà; eh bien! Monsieur, le fait n'en est que plus
intéressant et plus digne de méditation.

Voyons encore..... Variétés.... Une haute cour de censure doit être établie incessamment, dont la composition
garantira l'impartialité... On dit dans les salons que
MM. *Curvemus*, *Rubroche de Bienauchamp* et *Incisor*
sont appelés à en faire partie.... Comment, morbleu, on
songe déjà à me remplacer !

L'ÉDITEUR.

Oh, Monsieur, ce n'est là qu'un bruit de salon, et il
n'en est peut-être rien... Mais, comme vous le savez,
nous devons tenir nos lecteurs au courant de tout ce qui
se dit.

M. DOCET.

C'est juste, c'est juste; mais en tout cas, j'espère bien que comme premier en titre, on ne pourrait se dispenser de me nommer à cette haute cour...

L'ÉDITEUR.

Certainement, Monsieur, vos lumières et votre haute capacité vous en rendent bien digne....

M. DOCET.

Ah! un article sur les encombremens qu'on laisse amoncelés autour de l'hôtel d'Italie; il faut espérer, dites-vous, que M. le Maire enjoindra au propriétaire de cet hôtel de se conformer aux règlemens.

Parbleu! voilà qui est bien; j'ai manqué de me casser plus de dix fois le cou au milieu des pierres et des démolitions.

Allons, voilà qui est fini pour aujourd'hui; je ne suis pas trop mécontent de vous, et sans cette faute de syntaxe que je vous ai corrigée, il n'y aurait vraiment rien à dire. À demain, Monsieur...

L'ÉDITEUR.

Je vous assure, Monsieur, que de mon côté je suis ravi de la rare pénétration qui vous distingue; à demain donc, Monsieur, et veuillez recevoir mes salutations.

ACTE II.

La Scène est à la Préfecture, à dix heures du matin.

SCÈNE PREMIÈRE.

M. DOCET, *se promenant seul dans la pièce qui lui a été assignée pour tenir ses séances.*

C'est singulier.... comme ils sont en retard à cette préfecture... dix heures passées, et personne à son poste;

fortuna prodest vigilantibus. Mais bah ! dites-leur cela, ils ne vous comprendront seulement pas... Après tout, ils sont excusables.... ces gens-là ne pèchent que par ignorance ; s'ils avaient la moindre teinture des langues savantes, ils y trouveraient toutes les bonnes règles de conduite.

On ne peut pas leur en vouloir.

(Il fait une pause.)

Les paroles de ce Franck me reviennent à l'esprit... Dire que je serai méprisé pour avoir accepté les fonctions de censeur.... et quoi donc, s'il vous plaît, Monsieur ? Ne suis-je pas assuré de la bienveillance de M. le Préfet, et M. de Saint-Ignace ne m'a-t-il pas fait dire, pas plus tard qu'hier soir, que je pouvais compter sur sa protection. si je remplissais dignement mes fonctions?... La condition est plaisante, il faut en convenir, pour un homme comme moi.... Je m'expose, dit-il, à l'animadversion générale ! C'est ce qui vous trompe, Monsieur ; je prétends contenter tout le monde ; et en effet, l'éditeur du *Libéral* n'est-il pas lui même très satisfait?... Celui là, c'est le patient.... c'est lui qui aurait droit de se plaindre, et cependant.... c'est qu'il y a dans toutes choses un certain tact.... une certaine sagacité qui ne sont donnés qu'à la science.... Quant aux autres, ce serait bien le diable si je ne les contentais.... je travaille pour eux !....

Ma foi, me voilà pour le coup au comble de mes désirs.... Trente ans et plus de services à l'université.... ma petite fortune assez joliment arrondie... une bonne retraite.... de la réputation, des honneurs.... car c'est hier même qu'on a dû me nommer président du Cercle académique, en ma qualité de vice-président.... cela me revient de droit ; c'est une règle établie ainsi.... et puis censeur royal ! et notez que cela ne m'empêchera pas de continuer mes cours particuliers, qui, tout bien considéré, valent infiniment mieux que les cours publics.... cela rapporte davantage.... Allons, décidément, M. Franck, vous n'êtes qu'un sot.... Ah ! enfin les voilà qui arrivent.

SCENE II.

M. DOCET, PLUSIEURS EMPLOYÉS DE LA PRÉFECTURE.

M. DOCET.

Eh bien! Messieurs les paresseux, n'avez-vous pas de honte d'être si peu diligens?.... *Pigritia est mors animi....* Cela veut dire que la paresse est la mort de l'âme. Le temps est précieux, *urget æstas;* et comme le dit ailleurs le bon Horace : *Heu, Posthume, Posthume! labuntur anni,* ce qui signifie que les années s'écoulent.

UN EMPLOYÉ.

Comment, Monsieur, Horace a dit que les années s'écoulent; il faut lui en savoir gré, car assurément sans lui, nous ne nous en serions jamais doutés.... Monsieur veut il lire les journaux du jour, voilà qu'on vient de les apporter.

M. DOCET.

Très-volontiers, parbleu! cela me regarde maintenant. (*Parcourant les feuilles que l'employé lui a remises.*) Ah! ah! voyons.... *le Constitutionnel.* C'est donc là ce journal si redoutable, si plein de maximes révolutionnaires, régicides, antireligieuses.... Eh! mais, il me paraît innocent comme l'enfant qui vient de naître.... *Le Courrier français :* même douceur, même innocuité. Les *Débats!* c'est singulier, ils disent tous les mêmes choses; il paraît que tout est au mieux dans la capitale. Ma foi! j'ai beau chercher, je ne vois pas le plus petit mot à reprendre.

L'EMPLOYÉ.

C'est que MM. les censeurs de Paris entendent leur métier; ils ne laissent rien à glaner.

M. DOCET.

Ah, parbleu! c'est vrai, la censure! je l'oubliais.

Qu'est-ce que c'est donc que ce petit journal carré qu'on prendrait pour un cahier de conjugaisons ?

L'EMPLOYÉ.

C'est *la Pandore*..... un des journaux les plus malins.....

M. DOCET.

Ah ! oui, c'est un de ceux qui, suivant l'expression de notre poète Santeuil, *castigant ridendo mores*..... Eh bien !... qu'est-ce donc que je vois?... M. Stultide vient, dit-on, d'être nommé censeur à.... Comment morbleu ! c'est moi qu'ils ont voulu désigner.... mais je ne m'appelle pas Stultide....

L'EMPLOYÉ.

Ils se sont trompés, sans doute; ils ont confondu Stultide avec *Docet*, à cause de la ressemblance des noms....

M. DOCET.

Parbleu! vous êtes plaisant, vous, avec votre ressemblance.... il n'y a pas seulement deux lettres qui se rapportent.... Je vois ce que c'est : *stultus* est un mot latin qui signifie *insensé*, *idiot*, et en m'appelant Stultide, c'est comme s'ils avaient dit que je suis moi-même un idiot ou un insensé.... et ils ont cru peut être que je ne comprendrais pas....: mais, Dieu merci, nous connaissons les racines des mots....

L'EMPLOYÉ.

J'admire votre sagacité, et je parierais que vous êtes le seul....

M. DOCET.

Mais c'est affreux qu'on permette à de vils folliculaires, comme l'a fort bien dit un magistrat, d'outrager ainsi la personne d'un censeur royal.... Heureusement que ma réputation de savant ne dépend pas du jugement de ces messieurs. Je prise davantage l'opinion du corps littéraire dont j'ai l'honneur d'être membre, et qui vient de m'élever à la dignité de son président. Voilà les hommes dont il m'importe de capter les suffrages, et pour ceux-là, je suis bien sûr.... mais qu'est-ce que c'est que cette lettre à mon adresse?

(*Il la décachète.*) « Monsieur, c'est à regret que je
» vous annouce que le Cercle académique, dans la
» séance d'hier, a cru devoir déroger, pour cette fois
» seulement, à l'usage de nommer pour son président
» celui qui, pendant une année, a exercé les fonctions
» de vice-président. Je ne dois pas vous laisser igno-
» rer, Monsieur, que votre nomination aux fonctions
» de censeur a seule déterminé l'assemblée à adopter
» cette mesure d'exception. J'ai l'honneur, etc. Signé
» *le Secrétaire.* » Comment morbleu! et depuis quand le titre de censeur royal est-il devenu un motif d'exclusion pour la présidence d'un corps littéraire?/Mais c'est une cabale, j'en suis sûr, et je parierais que la majorité des membres de l'assemblée n'a pas coopéré à cette décision.

L'EMPLOYÉ.

Voici encore une lettre à votre adresse.

M. DOCET.

Elle porte aussi le timbre de l'Académie. Voyons ce qu'elle contient.

« Les soussignés membres du Cercle académique
» croient devoir déclarer à M. Docet que le soin de
» leur honneur et de leur dignité ne leur permettra pas
» d'assister aux séances de la société littéraire dont
» ils sont membres, aussi long-temps que M. Docet
» pourra s'y présenter avec le titre de censeur des
» journaux.... » Suivent les signatures, et il n'en manque presque aucune.... Les ingrats! et qu'est-ce que cela leur fait donc que je sois censeur.... Ne dirait-on pas que je me suis fait voleur de grand chemin? Je crois que Franck avait raison.... mais après tout, que m'importe? en serai-je moins savant pour n'être pas membre d'une société savante?... N'ai-je pas pour moi

la bienveillance et les suffrages de M. le Préfet.... du
respectable M. de Saint-Ignace ?... ceux-ci me défen-
dront, me protégeront, me vengeront, et....

SCÈNE III.

M. DOCET, M. DE St-IGNACE, PLUSIEURS EMPLOYÉS.

M. DE ST-IGNACE.

Ah ! je vous trouve enfin , M. Docet, qu'on ferait
bien mieux, comme le dit *la Pandore*, d'appeler *Stultide*.... Voilà un beau début dont vous pouvez vous
flatter !... et où diable aviez-vous la tête, quand vous
avez laissé passer cette abominable tirade sur la secte
indienne ?

M. DOCET.

Et, Monsieur, quel mal y a t-il à cela ? est-ce que
par hasard vous ne seriez pas d'avis qu'une telle secte
est pernicieuse et qu'il convient de la détruire ?

M. DE ST-IGNACE.

Non, parbleu ! je ne suis pas de cet avis ; mais voyez
donc l'assurance...

M. DOCET.

Oh ! çà, Monsieur, qu'est-ce que cela vous fait à
vous ? vous n'êtes pas Indien, j'espère, ainsi cela doit
vous être fort indifférent.

M. DE ST-IGNACE.

Non, Monsieur, je ne suis pas Indien ; je suis Français, et, qui plus est, jésuite, et il m'importe que sous
l'empire de la censure, on ne vienne pas outrager la
vénérable corporation à laquelle j'appartiens.

M. DOCET.

Mais, Monsieur, je ne pense pas que vous puissiez me reprocher rien de semblable.

M. DE ST-IGNACE.

Comment, Monsieur, vous ne comprenez pas que cette prétendue secte indienne qui corrompt les mœurs, bouleverse les états, assassine les rois, n'est autre chose que le saint institut des jésuites?

M. DOCET.

Quoi! vous croyez?...

M. DE ST-IGNACE.

Je ne crois pas, Monsieur; je suis certain, très-certain; tout le monde l'est comme moi, et il faut être d'une ineptie sans pareille, pour n'avoir pas reconnu notre saint ordre aux accusations contenues dans l'article.

M. DOCET.

Eh! mais, Monsieur, si votre saint ordre a en effet commis tous ces crimes, il peut bien être permis d'en dire un petit mot: car, à mon avis, c'est un tort que de renverser les empires et de tuer les souverains; et je suis sûr que les rois me sauront gré....

M. DE ST-IGNACE.

Les rois, Monsieur, et leurs ministres vous ôteront vos places et vos traitemens, et vous feront pourrir dans un cul de basse-fosse, si vous continuez à parler de la sorte.

M. DOCET, *à part.*

Oh! pauvre Docet, où t'es-tu fourré!... Quoi! mes places, mes pensions!... dans un cul de basse-fosse!

(*Haut.*) Monsieur, je vous déclare que j'appelle de vos injures à M. le Préfet, et que....

SCÈNE IV.

M. DOCET, M. DE St-IGNACE, M. LE PRÉFET,
PLUSIEURS EMPLOYÉS.

M. LE PRÉFET *sortant de son cabinet.*

Eh bien! qui ose donc se permettre de faire du bruit dans l'enceinte de l'hôtel de la préfecture ?

M. DOCET.

Ah! Monsieur le Préfet, c'est à vous que j'ai recours.

M. DE ST-IGNACE.

Je me plains à vous, Monsieur le Préfet, de la sotte impudence de votre censeur..... Croiriez-vous que, non content d'avoir laissé imprimer un article sur les jésuites,.... infame.... il a l'audace de le justifier....

M. LE PRÉFET *à M. Docet.*

Vous avez tort, Monsieur : vous êtes libre de penser comme moi tout ce qu'il vous plaira des jésuites et de la congrégation ; mais vous ne devez rien laisser publier qui puisse blesser leur susceptibilité !....

M. DOCET.

Mais, Monsieur, il n'est question que d'une secte indienne; et parce qu'il est dit que cette secte assassine les rois, Monsieur soutient qu'on a voulu parler des jésuites !

M. LE PRÉFET.

M. de St-Ignace a raison, et, je vous le répète, c'est à vous de suivre ses avis et ses instructions.

M. DOCET.

Eh bien! à la bonne heure ; mais je ne pouvais deviner..... Je comprends maintenant que c'était là une façon d'hypotypose ; mais ils ne m'en ont pas dit un mot, et c'est une inspiration qui m'arrive tout à coup.... Au surplus, convenez qu'il n'y a rien à redire au reste de la feuille , et que....

SCÈNE V.

LES PRÉCÉDENS, M. TROTTIN.

M. TROTTIN.

Je viens, Monsieur le Préfet, me plaindre à vous, de la part de M. le Maire, du scandale produit par le *Libéral* d'aujourd'hui....

M. DOCET, *à part.*

Allons ! que vient nous conter encore celui-là ?

M. TROTTIN.

C'est une horreur que cet article !

M. DE ST-IGNACE.

Sur la secte indienne, n'est-ce pas ?

M. LE PRÉFET.

Non. Monsieur veut parler de l'article dans lequel on invite les électeurs à se faire inscrire.... c'est moi que cela regarde, et je me proposais d'en adresser des reproches à M. Docet.... Et en effet, Monsieur, de quoi vous mêlez - vous d'engager les citoyens à provoquer l'inscription les uns des autres?... Sachez que cela ne regarde que l'administration , et que le ministère n'entend pas....

M. DOCET.

Mais, Monsieur, ce n'est pas moi qui ai fait l'article.

(31)

M. LE PRÉFET.

Qu'importe, Monsieur? vous l'avez approuvé, c'est absolument *comme si vous en étiez l'auteur.*

M. DE ST-IGNACE, M. TROTTIN, LES EMPLOYÉS.

C'est clair; Monsieur le Préfet a raison.

M. TROTTIN.

Mais il s'agit bien d'autre chose.... C'est une personnalité des plus offensantes pour M. le Maire.

M. DOCET.

Ah! Messieurs, je vous prends tous à témoin, que dans les feuilles de ce jour, il n'y a pas un seul mot sur M. le Maire.

M. TROTTIN.

Et ces encombremens de l'hôtel d'Italie ?

M. DOCET.

Eh bien! quel mal y a-t-il de les avoir signalés ? et quel rapport y trouvez-vous ?

M. TROTTIN.

Quel rapport il y a? quel rapport j'y trouve? Sachez, Monsieur, que c'est M. le Maire lui-même qui est propriétaire de cet hôtel; et que c'est lui faire l'injure la plus grave.... comme si M. le Maire pouvait s'enjoindre à lui-même de respecter les règlemens !

M. DOCET.

Eh! Monsieur, pouvais-je deviner cela ?

M. TROTTIN.

Il fallait vous en informer avant de permettre l'impression.

M. DOCET.

Bone Deus ! qu'allais-je faire dans cette galère ?

SCÈNE VI.

LES PRÉCÉDENS, M. RUBROCHE DE BIENAUCHAMP.

M. RUBROCHE DE BIENAUCHAMP.

Je viens, Monsieur le Préfet, réclamer contre l'insolence de l'article que votre censeur a laissé insérer dans le *Libéral* de ce jour.

M. DOCET, *à part.*

Encore ! mais l'enfer y est donc ?

M. DE BIENAUCHAMP.

C'est une horreur que d'avoir permis au *Libéral* de dire que moi Rubroche de Bienauchamp, ainsi que MM. Curvémus et Incisor, nous devons faire partie d'une cour de censure.

M. DOCET.

Ah ! Monsieur, permettez, vous devez me savoir gré de ma délicatesse. Certainement j'étais intéressé plus qu'aucun autre à ne pas laisser publier une nouvelle qui, dans le fait, menace de me dépouiller.

M. DE BIENAUCHAMP.

Eh ! Monsieur, qui songe à vous dépouiller ? Gardez, s'il vous plaît, vos guenilles, et ne nous en affublez pas. Je me plains, moi, du ridicule que vous avez jeté sur nos personnes, par la seule idée que nous ayons pu accepter les fonctions de censeurs.

M. DOCET.

Et, Monsieur, qu'y a-t-il donc de ridicule à cela ?

M. DE BIENAUCHAMP.

Ce qu'il y a de ridicule ! des hommes appartenant à la noblesse, chargés des fonctions de censeurs ! parbleu ! je vous trouve plaisant.....

(33.)

M. DOCET.

M. le Préfet les a bien exercées.

M. DE BIENAUCHAMP.

M. le Préfet est libre de déroger, s'il lui plaît. Quant à nous.....

M. TROTTIN, *malicieusement.*

Oui, oui, quant à vous, il n'est pas possible que vous dérogiez.

M. DOCET.

Est-ce que, par hasard, Monsieur n'est pas partisan de la censure?

M. DE BIENAUCHAMP.

Oui, Monsieur, j'aime la censure; elle est nécessaire, indispensable; j'aime aussi l'exécuteur des hautes-œuvres, puisque c'est lui qui doit nous délivrer de ces infames libéraux, et pourtant je ne veux être ni bourreau ni censeur. Vous m'entendez, j'espère.....

M. DOCET.

Oh! pour le coup, Monsieur, voilà qui est trop fort. Comment! me placer sur la même ligne que le bourreau!

M. LE PRÉFET.

Monsieur de Bienauchamp, vous oubliez le caractère de M. Docet, et.....

M. DE BIENAUCHAMP.

Tout ce qu'il vous plaira, Monsieur le vicomte... mais vous savez combien le peuple en veut à la noblesse.... je ne veux pas qu'on me signale au couteau révolutionnaire(1). C'est clair, je pense.

M. LE PRÉFET.

Rassurez-vous, Monsieur de Bienauchamp : si jamais on

(1) Historique.

3

persécutait la noblesse, vous en seriez quitte pour cacher vos titres, et il faudrait être habile pour les découvrir.

M. TROTTIN.

Eh! mais, c'est une précaution déjà prise par le père de Monsieur; c'était un homme prudent. Il a même si bien caché ses lettres de noblesse, que Monsieur n'a pu encore les retrouver.

M. DE BIENAUCHAMP.

C'est l'exacte vérité; voilà pourquoi je demande.....

M. TROTTIN.

Oui, que M. Docet soit plus circonspect à l'avenir; qu'il ne permette pas surtout qu'on adresse des personnalités à M. le Maire, et qu'il se souvienne qu'en sa qualité de professeur de la ville, il serait dans le cas, s'il continue, d'être congédié par M. le Maire.

M. DOCET.

Quoi, Monsieur, ma place de professeur à l'université! on oserait y porter atteinte!... Il ne manquait plus que ce dernier trait au tableau...... Mais après tout, Monsieur, mon existence ne tient pas au titre de professeur à l'université; grâces au Ciel! j'ai des élèves particuliers..... la confiance des pères de famille.... leur reconnaissance....

SCÈNE VII.

LES PRÉCÉDENS, M. FRANCK.

M. FRANCK.

Pardon, Messieurs; mon père, veuillez vous rendre à l'instant dans votre maison, où tout est sens dessus dessous.

M. DOCET.

Hé bien, Franck, qu'est-il donc arrivé de nouveau?

M. FRANCK.

Il est arrivé que vos élèves pensionnaires sont sur le point de partir, et qu'ils vous demandent à grands cris, pour que vous leur rendiez leurs hardes et tout ce qui leur appartient.

M. DOCET.

Qu'est-ce à dire, que ces petits mutins-là se sont aussi révoltés ?..... Je m'en vais sur-le-champ les faire rentrer dans le devoir.

M. FRANCK.

C'est inutile, mon père, ils partent et ils en ont le droit; voici une lettre qui vous est écrite par leurs parens.

M. DOCET, *lisant la lettre.*

« Monsieur, les fonctions de censeur que vous venez
» d'accepter, nous ayant paru incompatibles avec les prin
» cipes qu'un bon professeur doit inculquer à ses élèves,
» nous vous déclarons que,..» C'en est fait! je suis un homme
perdu de fortune, d'honneur et de réputation; Monsieur le
Préfet, vous sentez qu'après tant de désastres qui viennent
m'accabler coup sur coup, je ne puis plus conserver les
fonctions de censeur...... Veuillez, je vous prie, recevoir
ma démission.

M. LE PRÉFET.

J'y consens, Monsieur, mais songez qu'il vous faut en
même temps donner votre demission de professeur à l'université, et renoncer à la retraite qui dans un an vous serait
acquise..... Car le ministere ne souffrira pas que vous
payiez d'une aussi noire ingratitude l'honneur qu'il vous a
fait en vous élevant à la dignité de censeur.

M. DOCET.

Quoi! Monsieur, ma retraite elle-même me serait enlevée! mais songez que c'est le prix de quarante ans de
service.

M. LE PRÉFET.

J'en suis fâché, Monsieur, mais telles sont les instructions du ministère.

M. DOCET, *à part.*

Ah Dieu, qu'allais-je faire dans cette maudite galère?...
Allons, il faut savoir subir son sort. *Dura lex, sed lex.* Je
veux suivre le conseil d'Horace : *Justum et tenacem propositi virum..... et si fractus illabatur orbis.*

M. LE PRÉFET.

C'est très-bien cela ; voilà savoir prendre son parti en
brave.

M. DE SAINT-IGNACE.

Il y a du bon dans cet homme-là ; il a une force de volonté qui le rend digne d'entrer dans notre sainte corporation.

M. DOCET.

Ah ! parbleu, Monsieur, vous ne me connaissez pas encore ; je m'en vais devenir impitoyable..... et malheur aux
écrits qui me tomberont sous la main !

M. DE SAINT-IGNACE.

De mieux en mieux... Que votre conduite soit d'accord
avec vos maximes, et nous vous admettons.

M. DE BIENAUCHAMP.

Tout blanc ou tout rouge, je ne connais que cela, et voilà
comme je suis moi.

M. DE SAINT-IGNACE, *à part.*

C'est-à-dire qu'il est à la fois rouge et blanc.

M. TROTTIN.

Songez une autre fois à vous assurer du nom des propriétaires de maisons.

M. DOCET.

Je bifferai tout ce que je ne pourrai pas comprendre.

M. DE SAINT-IGNACE.

Miséricorde ! la feuille va rester en blanc.

M. LE PRÉFET.

Je vous félicite vraiment de vos bonnes dispositions; continuez, et vous conserverez votre traitement de professeur avec celui de censeur; et, qui plus est, vous obtiendrez votre retraite..... Il n'y a que vos élèves particuliers.

M. DOCET.

J'en ai fait le sacrifice.

M. FRANCK.

Mon père, est-il possible?

M. DOCET.

Taisez-vous, oiseau de mauvais augure; c'est vous qui m'avez porté malheur avec vos sinistres prédictions.

SCÈNE VIII.

LES PRÉCÉDENS, un HUISSIER.

L'HUISSIER.

L'éditeur du *Libéral* qui apporte ses épreuves.

M. DOCET.

Ah morbleu! qu'il vienne, je m'en vais le traiter de la bonne sorte, et vous m'en direz des nouvelles demain matin.

M. LE PRÉFET.

Allons, Messieurs, laissons M. le censeur à ses occupations..... Son temps est précieux..... Il le doit tout entier au bien public.

TOUS ENSEMBLE.

Adieu, Monsieur le censeur. (*Ils sortent tous.*)

M. DOCET.

Adieu, adieu, Messieurs, je vous montrerai ce que c'est qu'un censeur poussé à bout.